CHARLES DE MÉAUX

SEIGNEUR.

DU FOUILLOUX

ENSEIGNE DES GARDES DU CORPS D'ANNE D'AUTRICHE

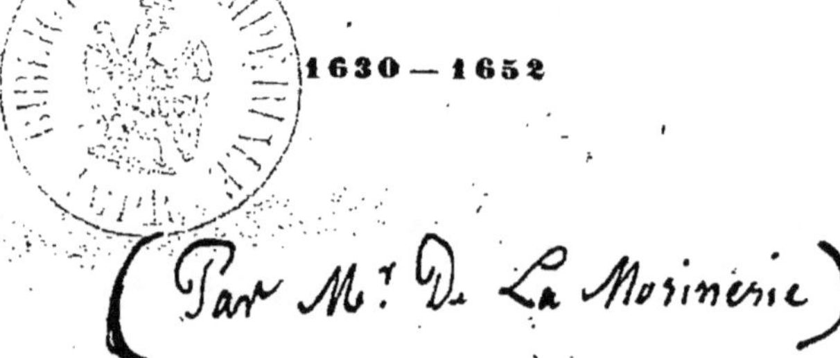

1630 — 1652

PARIS

IMPRIMERIE DE PILLET FILS AÎNÉ

5, RUE DES GRANDS-AUGUSTINS, 5

JANVIER 1854

CHARLES DE MEAUX

SEIGNEUR

DU FOUILLOUX

ENSEIGNE DES GARDES DU CORPS D'ANNE D'AUTRICHE

1630 — 1652

PARIS

IMPRIMERIE DE PILLET FILS AINÉ

5, RUE DES GRANDS-AUGUSTINS, 5

JANVIER 1854

DU FOUILLOUX

Il est un nom depuis peu singulièrement en honneur
auprès de nos bibliophiles : c'est celui de Jacques du
Fouilloux, l'auteur du *Traité de la Vénerie*. L'intérêt
qui s'attachait au livre a rejailli sur l'écrivain, et de l'é-
crivain sur sa famille. Les travaux de M. Pressac, ceux
de M. Benjamin Fillon ont amené de curieuses décou-
vertes et éclairci divers points de la biographie du célèbre chasseur ; mais il reste encore à cet égard beau
coup à apprendre. Quant à sa famille, on sait seulement qu'elle tire son nom d'un fief assis en Poitou,
dans le pays de Gatine ; et, jusqu'à ce jour, les recherches sur son compte n'ont été suivies que d'un
assez mince résultat : M. Fillon et M. Beauchet

-sont les seuls qui aient rassemblé une suite de plusieurs membres de la famille poitevine de du Fouilloux *.

Quelques érudits, par suite d'une tendance assez ordinaire, se laissant entraîner à rattacher à la même origine différents personnages qui ont porté le nom de du Fouilloux, sans se préoccuper que cette dénomination, commune à un grand nombre de terres seigneuriales en France, a pu appartenir à des familles complétement distinctes, ont commis une erreur plusieurs fois reproduite, que ce petit travail a pour but de rectifier.

Ces réflexions préliminaires nous sont principalement ** suggérées par la lecture d'un commentaire des savants éditeurs des Historiettes de Tallemant des Réaux ***.

Pouvant à l'aide de documents originaux réparer une méprise, peu importante d'ailleurs, nous nous sommes imaginé qu'il ne serait pas sans intérêt de

---

* Leurs recherches sont insérées dans le 2ᵉ vol. du *Dictionnaire des familles du Poitou*, par M. Beauchet-Filleau.

Notre célèbre veneur portait : *Palé d'argent et de sable de 6 pièces à la fasce d'azur brochant sur le tout ;* et parmi les alliances de sa famille, nous trouvons les La Rochefoucauld, les Meynard, les Taveau de Mortemer, les Liniers, les Nuchèze et les Fouchier.

** Voyez aussi dans la *Bibliothèque historique et critique des thérapeuticographes*. Rouen, Nicolas et Richard Lallemant, 1763, in-8, l'article du Fouilloux, à la note. — Et aussi la préface en tête de *La Vénerie de Jacques du Fouilloux*. Angers, Lebossé, 1844, in-4.

*** IIIᵉ *éd.*, par MM. de Monmerqué et Paulin Paris. Paris, Techener, 1854, in-8.

le tenter, ne fût-ce que pour empêcher sa repro-
duction ultérieure.

Entrons en matière.

Tallemant des Réaux [*] rapporte que le duc de
Guise, fils du Balafré, avait parfois des rêveries ou des
distractions étranges, et il cite à ce sujet que du
Fouilloux lui ayant dit une épigramme de Gombaud
qui lui avait plu extrèmement, le duc aurait reparti au
jeune gentilhomme : « N'y aurait-il pas moyen de
« faire en sorte que j'eusse fait cette épigramme ? »

Notre conteur, qui, chacun sait, ne se préoccupait
guère de ménager les chastes oreilles et n'abandon-
nait jamais l'occasion de débiter un propos cynique,
ajoute en note que du Fouilloux, nouveau venu de sa
province de Saintonge, harcelé dès son entrée à la cour
de maintes questions et de maintes plaisanteries de
la part des filles d'honneur de la reine, n'avait trouvé
d'autre moyen de s'en débarrasser que par une gail-
lardise à la Rabelais.

On peut lire dans Tallemant la repartie qu'il met
sur les lèvres du jeune du Fouilloux, — qui alors n'a-
vait pas plus de neuf ou dix ans.

Remarquons toutefois que Tallemant n'accepte pas
entièrement la responsabilité de ce propos, et qu'il le
donne sous la forme habituelle de tous les cancans.

---

[*] *M. de Guise, filz du Balaffré....* Page 365.

Il s'abrite sous un on dit : *On conte...* et, ainsi dégagé, il laisse sans scrupule l'historiette tourner à la licence.

Du Fouilloux a ensuite son commentaire ; mais cet honneur il ne le doit qu'à sa parenté présumée avec un célèbre homonyme.

Prenons d'abord texte du commentaire :

Le Fouilloux.

« Ces Fouilloux étoient originaires du Poitou, non
« de Saintonge, mais le voisinage des deux provinces
« explique la méprise de des Réaux. Nous croyons
« donc que M. de Pressac, l'excellent biographe de
« Jacques du Fouilloux, l'auteur du *Traité de la Vé-*
« *nerie*, auroit pu reconnoître dans notre le Fouilloux
« un des arrière-petits-fils du grand chasseur. Il fut
« tué de la propre main du prince de Condé, au
« combat du faubourg Saint-Antoine. Le mot qu'on
« lui prête en note convient parfaitement à cette fa-
« mille de bons et joyeux compères. »

Voici notre humble critique :

Le du Fouilloux dont parle Tallemant n'était pas Poitevin, et notre conteur rochelais ne s'est aucunement mépris : il était Saintongeais et compatriote de Tallemant et de Gombaud, dont il savait, tout enfant, les épigrammes. Ce n'est pas non plus un des arrière-petits-fils de l'illustre veneur. Il appartenait à une tout

autre famille, et le nom de du Fouilloux, qui ne lui était
point patronymique, il le tenait d'un fief situé dans la
baronnie d'Arvert en Saintonge. Du Fouilloux périt
en effet au combat de Saint-Antoine, ou plutôt mourut quelques jours après des suites de la blessure
qu'il y avait reçue. Que l'auteur de la *Vénerie* fut d'une
famille de bons et joyeux compères, — certaines grivoi-
setés qui nous reviennent à son sujet nous autorisent à
le penser, comme les éditeurs des Historiettes ; mais,
en dépit du mot de des Réaux, nous ne saurions en
dire autant de la famille de notre du Fouilloux : ce
qui la caractérise avant tout c'est son esprit éminem-
ment religieux.

Mais abordons maintenant notre personnage : disons toutefois que le mort l'a enlevé si jeune qu'il
n'est guère possible avec lui de faire autre chose qu'une
esquisse.

Charles de Meaux, seigneur du Fouilloux en Arvert, capitaine-enseigne des gardes du corps de la
reine Anne d'Autriche, appartenait à une très-anti-
que race de gentilshommes de la Brie, dont l'origine,
suivant la tradition, remonte aux premiers comtes ou
gouverneurs de la ville de Meaux *.

---

* Ce n'est pas le lieu d'examiner historiquement la tradition
qui donne à cette famille une communauté d'origine avec Agneric, comte de Meaux au viie siècle, disons seulement que cette
origine a été mentionnée par un grand nombre d'écrivains, et

Il naquit en Saintonge vers 1630 *, du mariage de Charles de Meaux, seigneur de Rudefontaine et de Douy-la-Ramée en partie **, capitaine d'une compagnie de gens de guerre à pied, et de Madeleine de Lezignac, dame du Fouilloux, — terre qui était venue à Mlle de Lezignac par succession de sa mère Isabeau de Comminges ***, mariée à Jacob de Lezignac, seigneur de Marlonges et du Grand-Breuil de Vaizes. Cette parenté avec la maison de Comminges, alors en faveur auprès d'Anne d'Autriche, valut au jeune

---

qu'elle fut entre autres rapportée dans l'inventaire des pièces produites en 1700 devant l'intendant de la généralité de Paris.

A la famille d'Agneric appartiennent plusieurs saints et saintes illustres, tels que saint Ouen, saint Agile, saint Faron et sainte Fare. Voir Toussaint du Plessis, *Histoire de l'église de Meaux*. Pour les ascendants d'Agneric, consulter, avec une certaine réserve, l'ouvrage du P. Malbrancq : *De Morinis et Morinorum rébus*.

Parmi les ancêtres de du Fouilloux, citons Giffart de Meaux qui, par ordre de Saint-Louis, rapporta en France la couronne d'épines de J.-C. C'est pour perpétuer ce souvenir que Giffart quitta ses armoiries : *de sable à 1 jumelle d'argent* et prit : *d'argent à 5 couronnes d'épines de sable*, 2. 2. et 1. Favin, etc.

La maison de Meaux, alliée à d'illustres et anciennes maisons, telles que celles d'Aiguières, d'Ancienville, de Beauvau, de Bouhers, du Bourg, de Brichanteau-Nangis, de Charny, de Chastillon-sur-Marne, de Corbie, de Culant, d'Elbène, d'Escoubleau de Sourdis, de la Fontaine-Solare, de Patras, de Poupincourt, de Sailly, etc., a fourni huit chevaliers de l'ordre de Malte, dont un grand prieur de France, Guillaume de Meaux-Boisboudran, successeur d'Alexandre de Vendôme.

* Le contrat de mariage de ses père et mère est du 30 juillet 1629.

** La terre de Douy-la-Ramée en Brie venait de Gerarde Bureau, veuve de Robert de Chastillon, seigneur de Bry-sur-Marne (vivant en 1425), remariée à Pierre de Meaux, seigneur de Neufvy, cinquième ascendant de Charles et de Paul, seigneurs de Douy-la-Ramée, qui s'établirent tous deux en Saintonge vers 1620.

*** Isabeau était fille de Samuel de Comminges, seigneur du Fouilloux, lieutenant-colonel du régiment de Candale.

du Fouilloux l'avantage d'être présenté à la reine et au cardinal Mazarin par son cousin, — oncle à la mode de Bretagne, — François de Comminges, seigneur de Guitaut, capitaine des gardes du corps de Sa Majesté *. Séduite par sa gentillesse, la reine l'attacha auprès de sa personne en lui donnant l'enseigne de ses gardes. Le cardinal, qui prenait un vif intérêt au protégé de sa souveraine, le plaça, à titre de compagnon de fêtes et de plaisirs, auprès de Louis XIV, dont il devint le favori **.

L'élégance et la distinction de sa tournure, la vivacité de son esprit tout en saillies, l'avaient fait remarquer dans les premiers ballets dansés par le roi. Nous le voyons entre autres, le 26 février 1651, figurer au Palais-Cardinal dans la mascarade de Cassandre, sous le costume d'un valet de fête, et Bensserade, le poëte à la mode, lui prête ce quatrain :

> J'ay l'esprit gaillard et follet ;
> Ma raison va comme ma dance
> Et pour Madame la Cadance
> Je suis son très-humble valet ***.

---

* François de Comminges, seigneur de Guitaut, conseiller du roi en ses conseils, capitaine des gardes de la reine-mère, gouverneur de Saumur, était cousin germain d'Isabeau de Comminges, dame du Fouilloux. Il joua un rôle important pendant les troubles de la Fronde. C'est son neveu, le célèbre Gaston de Comminges, qui arrêta Broussel et les princes de Condé, de Conti et de Longueville.

** Mlle de Montpensier. — Mme de Motteville.

*** *Gazette de France*, 1651. - Bensserade.

Ce premier vers :

J'ay l'esprit gaillard et follet

n'est-il pas là comme un écho de l'aventure racontée par Tallemant, — aventure qui avait peut-être fait assez de bruit à la cour pour que Bensserade pût ingénieusement y faire allusion ?

Mais nous voici en pleine Fronde. A cette époque tumultueuse, le combat vous surprenait au sortir du bal, et plus d'une épée de fête s'est rompue dans la mêlée de nos discordes civiles. Notre gentilhomme, dévoué à la cause royale, fit bravement son devoir au mémorable combat du faubourg Saint-Antoine, où l'on vit l'un à l'autre opposé, Condé et Turenne. Du Fouilloux avait suivi le marquis de Saint-Maigrin, l'intrépide capitaine des chevau-légers du roi, qui commandait la droite de l'armée à la hauteur de la rue de Charonne, défendue par un retranchement formidable derrière lequel s'abritait le comte de Tavannes. Emporté par sa fougue ordinaire, Saint-Maigrin s'élance résolûment contre la barricade, la prend d'assaut, refoule les ennemis et continue sa marche victorieuse à travers la rue jusqu'à la halle ; mais le prince de Condé, qui paraît toujours là où le danger presse, accourt ; il se précipite sur les vainqueurs, les arrête, les met en désordre et les rejette au delà du retranchement. Saint-Maigrin est tué, et du Fouilloux tombe mortellement blessé près de Mancini, le neveu du car-

dinal *. On prétend que, dans la chaleur de l'action,
c'est l'épée même de Condé qui rencontra la poitrine
du jeune enseigne ... 2 juillet 1652 .

Enlevé sans connaissance hors du champ de ba-
taille, il fut immédiatement transporté à l'abbaye de
Saint-Denis où se trouvait alors la reine.

Le religieux qui nous a transmis la relation des
*choses mémorables de l'abbaye de Saint-Denis en
France pour l'année 1649 et suivantes* ***, donne sur
les derniers moments de du Fouilloux quelques par-
ticularités intéressantes qui méritent d'être rappor-
tées. Il nous apprend que, le 16 juillet, le R. P. prieur
lui administra les sacrements à la sollicitation de
M. de Guitaut, son oncle, capitaine des gardes du
corps de la reine, « lequel, — ajoute le bon moine,
« — nous recommanda fort son dit neveu, qui avoit
« beaucoup de besoin d'assistance spirituelle, aiant été
« grand courtisan. C'étoit un jeune homme de vingt-
« six à vingt-sept ans, fort accompli selon le corps et
« l'esprit du monde et bien aimé du Roy.... » Du
Fouilloux vécut encore jusque dans la soirée du 17 :
ce jour-là, aussitôt après le départ de la cour pour
Pontoise, le prince de Condé, suivi de cinq à six cents

---

* Mémoires de La Rochefoucauld, de Monglat, de Mme de Motte-
ville, de Mlle de Montpensier, de Tavannes, du duc d'Yorck, etc.
   ** Commentaire des Historiettes de Tallemant.
   *** Publiée par MM. Leroux de Lincy et Douët d'Arcq, dans le
3e volume des *Registres de l'Hôtel-de-Ville de Paris pendant la
Fronde*.

chevaux, entra dans Saint-Denis et vint loger à l'abbaye. Dès qu'il eut appris, de la bouche même du prieur, l'état de du Fouilloux, il chargea un de ses gentilshommes d'aller le visiter de sa part, lui faire offre de tout ce qu'il pourrait désirer et même de le transporter à Paris avec une escorte de ses gardes. « Aussitôt que ce pauvre malade entendit nommer « M. le Prince, il sourit un peu, ce qui fut cause qu'il « expira sur l'heure. » D'après la demande de Guitaut, il fut enterré dans un des cloîtres de l'abbaye, « proche un de ses parents, ancien religieux de « céans. »

Loret, le rimeur de gazettes, enregistre de cette façon, sous la date du 21 juillet, son trépas et celui de Mancini :

> Du Fouilloux et de Manciny
> Le sort est tout à fait finy,
> Et ce sont des nouvelles vrayes
> Qu'ils sont tous deux morts de leurs playes,
> Tous deux jeunes, tous deux galans,
> Tous deux adroits, tous deux vaillans *.

« La reine les regretta tous infiniment ; et, comme « il lui sembloit qu'ils étoient tués à ses yeux, elle « en parut beaucoup plus touchée que dans les autres « occasions où le roi et elle avoient perdu de bons « serviteurs **... »

---

* *La Muze historique*, année 1652, lettre XXIXe.
** Mme de Motteville.

En considération des services de du Fouilloux et de sa mort, le roi fit remettre à sa sœur, la jolie mademoiselle du Fouilloux, Bénigne de Meaux, un brevet de 2,000 livres de pension, et Anne d'Autriche la plaça au nombre de ses filles d'honneur.

Cette circonstance ne devait pas être oubliée par Loret. Voici comme sa muse saluait galamment l'apparition de Mlle du Fouilloux :

> Une fleur fraîche et printanière,
> Un nouvel Astre, une lumière,
> Scavoir l'aimable du Fouilloux,
> Dont plusieurs beaux yeux sont jaloux
> D'autant que cette demoizelle
> Est charmante, brillante et belle
> Ayant pour escorte l'Amour,
> A fait son entrée à la cour...... *.

Ce *nouvel astre*, qui pouvait dire, grâce à Bensserade :

> Sans que je parle même on m'admire à la cour,
> J'arrache tous les cœurs si l'on ne me les donne,
>   Et je n'ai rien en ma personne
>   Qui ne persuade l'Amour

fut une des femmes les plus spirituelles et les plus aimables de son temps ; elle devint, en 1667, marquise d'Alluye, par suite de son mariage avec le gouverneur d'Orléans, Paul d'Escoubleau, marquis d'Alluye, neveu du cardinal de Sourdis.

---

* *La Muze historique,* lettre LIIe du 28 décembre 1652.

Anne d'Autriche donna en outre la charge d'enseigne de ses gardes à l'un des frères de du Fouilloux, Philippe-Victor, qu'elle inscrivit plus tard sur son testament pour 10,000 livres *.

Quand la mort vint le surprendre, du Fouilloux avait à peine vingt-deux ans. Fiancé dès sa seizième année, — en 1646, — il avait épousé, par contrat du 28 septembre 1650, au château de Chassagne, proche de son manoir du Fouilloux, Marguerite Michel de Chassagne (de la Morinerie), fille de Jean, seigneur de Chassagne et de Marguerite Majoux.

Du Fouilloux ne laissa point de postérité, et sa veuve convola en secondes noces, l'année suivante, 1653 avec un cousin germain de son mari, Charles de Meaux, seigneur de Violaine et de l'Isle **. Elle mourut au mois de janvier 1686 ***.

Le fief du Fouilloux, dont il a été question dans le cours de cette notice, dépendait de la paroisse de

---

* Mme de Motteville.

**Il était fils de Paul, seigneur de Violaine et de Douy-la-Ramée en partie, gentilhomme de la compagnie des chevau-légers du roi, et de Catherine de Ravard, dame de l'Isle.

*** Quelques mots sur la femme de notre enseigne. — Elle était d'une famille du pays d'Arvert et de l'île d'Oleron, des Michel, barons et seigneurs de Saint-Dizant, du Château-d'Oleron, de la Chaume, de la Morinerie, de Saint-Trojan, de Saint-Fort-sur-Gironde, de la Lande, de Diconche, de la Motte, etc. Le 2 mai 1670, un jugement de Colbert du Terron la maintint dans sa noblesse. Sans postérité de son premier mariage, Mme de Meaux eut six enfants du second lit : deux fils et quatre filles. Les filles seules pri-

Notre-Dame d'Arvert. Nous avons expliqué comment il était venu de la maison de Comminges à celle de Meaux ; nous dirons comment il en sortit.

Après le second mariage de Mlle de Chassagne, de nombreux démêlés eurent lieu entre cette dame, au sujet de la restitution de sa dot, et lès frères et sœurs de son premier époux. Ces démêlés amenèrent de longues procédures qui finirent par la saisie de la terre du Fouilloux sur Louis de Meaux, seigneur dudit lieu, capitaine d'une compagnie de gendarmes du roi, sur Louise de Meaux, et sur la marquise d'Alluye ; et par suite le Fouilloux échut à la maison de Bremond d'Ars qui l'a conservé jusqu'en 1789 *.

C'est actuellement un village de la commune d'Arvert, dont la population montait, il y a quelques années, à 152 habitants, d'après le dictionnaire de Duclos **.

---

rent alliances et entrèrent dans les maisons du Bourg, d'Aiguières et de Monfriand. Parmi les descendants de Marguerite de Chassagne, nous citerons : — le marquis de Culant, littérateur et député de la noblesse d'Angoumois, aux Etats-Généraux de 1789 ; — le comte Louis de Saint-Marsault, aide de camp du prince de Condé, général et député de la Rochelle sous la restauration ; — le comte Pierre de Bremond d'Ars, député de la noblesse de Saintonge aux Etats-Généraux, — et M. le général comte de Bremond d'Ars.

*Mélanie de Meaux, fille aînée du seigneur de Violaine, avait eu de son mariage avec Pierre du Bourg une fille, Marguerite Mélanie du Bourg, qui, instituée héritière universelle de son père, porta à son mari, Jacques-René de Bremond d'Ars, tous les biens de sa maison (3 juin 1700).

** *Dictionnaire général de la France*, 1846.